Für uns Mensch geworden

Werner Thissen

Für uns Mensch geworden

Advents- und Weihnachtsmeditationen

HERDER

FREIBURG · BASEL · WIEN

Inhalt

Vorwort

»Weihnachten kommt immer so plötzlich, und dann ist es schon wieder vorbei«, spottet mein Kerzenverkäufer.

Dabei gibt es doch die Wochen der Adventszeit zur Vorbereitung, die Festtage selbst und dann noch die Zeit »zwischen den Jahren«.

Und doch hat mein Kerzenverkäufer Recht. Wenn die Weihnachtsmärkte erst einmal eröffnet sind, die ersten Überlegungen für Weihnachtsgeschenke getroffen und die Frage entschieden, wie der Tannenbaum in diesem Jahr geschmückt werden soll, dann krachen schon bald die Silvesterböller.

Die Zeit hält niemand an. Und auch verlängern kann sie keiner.

Aber statt Verlängerung ist Vertiefung möglich. Also der Zeit auf den Grund gehen, sie ausloten.

Es geht in der Advents- und Weihnachtszeit um die Menschwerdung Gottes. Aber »Gott wurde Mensch, damit der Mensch Heimat habe in Gott« (Hildegard von Bingen). Die Menschwerdung Gottes zielt auf die Menschwerdung des Menschen. Auf meine Menschwerdung, die es immer auch mit Gott zu tun hat.

Ob mir diese Zeit dazu verhelfen kann, mehr Mensch zu werden, menschlicher?

Der Versuch lohnt sich.

Wenn dann die Weihnachtszeit vorbei ist, hat sie Spuren hinterlassen. Heilsame Spuren für das neue Jahr.

Zur Mitte finden

*V*iele Bilder erzählen Geschichten. Dieses Bild lädt dazu ein, die Schichten meines Lebens in den Blick zu nehmen.

Ornamentscheibe aus dem Chor der ehemaligen Kölner Dominikanerkirche, um 1280

Dazu kann ich links und rechts an den äußeren Rändern des Bildes beginnen und mich Schritt für Schritt auf die Mitte zubewegen.

Zunächst also die Quadrate an der rechten und linken Seite. Die einzelnen Blätter sind Symbole für das, was in meinem Leben gewachsen ist. All das, was mich beschäftigt hat: meine Aufgaben, meine Vergnügungen und Freizeitbeschäftigungen, Essen und Trinken, Gemeinsames und Einsames, all das, was immer so anliegt.

Zu jedem dieser Quadrate kann ich ein Stichwort schreiben: Schlafen, Frühstücken, Arbeit, Gespräche, Erholung, Projekte, Fernsehen..., all das, was die Stunden ausfüllt.

Dieses Alltägliche berührt nicht unmittelbar das Zentrum des Bildes mit der stilisierten roten Rose. Aber es ist doch darauf hin geordnet und soll nicht aus dem Rahmen fallen.

In einem zweiten Schritt gehe ich von den äußeren Quadraten rechts und links einen Schritt nach innen zu den rot umrandeten Feldern. Links und rechts, oben und unten reichen die gewölbten Dreiecke mit ihren Spitzen bis an die Ecken der rechteckigen schwarzen Umrahmung. Diese bildet die Verbindung zu den Quadraten meiner Alltagserfahrung. Zugleich berühren die roten Linien mehrmals den schwarzen Innenkreis.

Diese vier gewölbten Dreiecke können die Zeit und die Materie symbolisieren, ohne die ich nicht existieren könnte. Zeit – das sind die vier Jahreszeiten Frühling, Sommer, Herbst und Winter. Materie – das sind die vier Elemente Feuer, Wasser, Luft und Erde.

Beides, Zeit und Materie, sind Grundbedingungen meines irdischen Daseins. Dass sie umgrenzt sind mit der Farbe der Rose im Innersten des Bildes, kann mir sagen: Auch sie haben mit der Rose zu tun. Aber was sich in ihnen abspielt, folgt eigenen Gesetzmäßigkeiten.

In einem dritten Schritt komme ich in den schwarzen Kreis. Darin stoße ich auf fünf Kreise von gleicher Größe.

Diese können die fünf Sinne des Menschen symbolisieren: Sehen, Hören, Riechen, Schmecken, Berühren. Meine Sinne sind die Einfallstore für die Wirklichkeit, für all das, was von außen auf mich zukommt. Aber meine Sinne helfen mir auch, mich der inneren Wirklichkeit meines Daseins zu nähern.

Die Symbole für die fünf Sinne berühren den innersten Kern des Bildes, die stilisierte Rose. Diese kann ich deuten als ein Zeichen für Jesus Christus: »Es ist ein Ros entsprungen.«

Bei genauem Hinschauen kann ich in der Mitte

der Rose Kopf und Brust einer Gestalt erkennen mit dem Kreuzesnimbus. So wird klar, dass mit der Rose in der Mitte des Meditationsbildes tatsächlich der menschgewordenen Gottessohn gemeint ist.

Im Lied »Es ist ein Ros entsprungen« heißt es: »Das Röslein, das ich meine, davon Jesaja sagt«. Im Hören auf das, was der Prophet Jesaja in der Bibel sagt und ebenso die anderen biblischen Autoren, komme ich dieser Rose, dem Symbol für Jesus Christus, näher.

In der nächsten Strophe wird gesagt: »Das Blümelein so kleine, das duftet uns so süß«, also ist der Geruchssinn angesprochen. Und weiter: »Mit seinem hellen Scheine, vertreibts die Finsternis.« Hier wird auf das Sehen hingewiesen.

Auch von Berühren und Schmecken singen wir. Vom Berühren sagt das Lied »Zu Betlehem geboren«: »Mein Herz will ich ihm schenken«. Und weiter: »Darum ich fest mich binde, an dich mein höchstes Gut.«

Vom Schmecken sprechen vor allem die Lieder zur Eucharistiefeier: »Mir armem Gast bereitet hast das reiche Mahl der Gnaden. Das Himmelsbrot stillt Hungersnot …«

Meine Sinne helfen mir, das Geheimnis meines Daseins zu ergründen. In vielen geistlichen Texten, vor allem in der Mystik, werden die Sinne bemüht, um mit Gott in Beziehung zu treten.

Angelus Silesius formuliert das so: »Die Sinne sind im Geist, all ein Sinn und Gebrauch. Wer Gott berührt, der sieht, riecht, hört und schmeckt ihn auch.«

Natürlich gilt das vor allem im übertragenen, bildhaften Sinn. Solche Annäherung an das Geheimnis Gottes mit Hilfe der Sinne können die fünf Kreise ausdrücken. Sie berühren, wenn auch nur am Rande, die Rose in der Mitte, welche Christus symbolisiert.

Mit dem Blick auf das Bild kann ich mich fragen, welcher meiner fünf Sinne mir am meisten hilft, geistliche Erfahrungen zu machen. Das Sehen etwa von Natur und Kunst, das Hören von Texten und Musik, das Schmecken von Speise und Trank, das Berühren von Menschen und Elementen wie Wasser oder Luft, das Riechen von Blumen oder Gewürzen. Meine Sinne können mich etwas vom Geheimnis Gottes erspüren lassen.

Auffallend an diesem Meditationsbild ist, dass trotz der schwarzen und roten Linien, die auch begrenzen, alles miteinander in Verbindung ist. Die pflanzlichen, floralen Formen überziehen das ganze Bild.

Im Schauen auf das Bild lasse ich mich in die

Mitte führen. In die Mitte meiner selbst, in die geheimnisvolle Mitte meines Lebens, die Gott erfüllen will.

Solche Konzentration auf die Mitte tut mir gut. Wie oft halte ich mich bei Randerscheinungen auf, bei heutigen Ereignissen, die morgen schon wieder von gestern sind.

Die Flut der Bilder, die täglich auf mich einstürzen, ist gewaltig. Sie drängen mich nach außen.

Dieses Bild führt mich nach innen, zur Mitte, zu dem, der die Mitte meines Lebens sein will.

Bei Angelus Silesius lese ich: »Die Ewigkeit weiß nichts von Jahren, Tagen, Stunden. Ach, das ich doch noch nicht den Mittelpunkt gefunden.«

Gott als Mittelpunkt meines Lebens?

Gott ist der ganz andere. Meine Sinne können ihn nicht erfassen. Aber in der Menschwerdung seines Sohnes Jesus Christus ist er mir nahe gekommen. Jetzt kann in allem Menschlichen Göttliches aufscheinen.

Im längeren Anschauen des Bildes kann mich das Gebetswort begleiten: Christus, du Mitte meines Lebens.

Wer bin ich?

Ich bin mir oft selbst ein Rätsel. Warum reagiere ich so? Warum empfinde ich so? Warum tue ich dieses und unterlasse jenes?

Manche Rätsel in meinem Verhalten konnte ich lösen. Aber Vieles in mir bleibt Geheimnis. Mit diesem Geheimnis will ich immer wieder neu umzugehen lernen.

Papst Franziskus wurde gefragt: »Was macht Ihre Person aus? Wer sind Sie? Wie würden Sie sich charakterisieren?« Ziemlich indiskrete Fragen.

Der Papst hat darauf geantwortet: »Ich bin ein Sünder.« Und dann fügt er hinzu: »Ich bin ein Sünder, den der Herr angeschaut hat.«

Den ersten Teil der Antwort kann ich leicht übernehmen: Ja, ich bin ein Sünder. Vieles in meinem Leben ist nicht so, wie Gott es von mir erwarten kann. Den zweiten Teil möchte ich auch übernehmen: Ich bin vom Herrn angeschaut.

Dazu ist erforderlich, dass ich mich anschauen lasse. Dass ich mir in die Karten schauen lasse, mich nicht vor ihm verstecke, sondern mich öffne.

Vor einiger Zeit erregte Papst Franziskus Aufmerksamkeit, als er vor den Kardinälen davon sprach, welche Fehler – der Papst sprach von Krankheiten – er bei ihnen feststelle.

»Denen hat er es aber gezeigt«, jubelten manche. Ähnlich ergötzte auch ich mich. Mit den Fehlern anderer kann ich leicht ins Gericht gehen.

Beim Lesen der Papstworte wurde ich kleinlaut. Schließlich musste ich mir eingestehen, dass der Papst manche »Krankheiten« benannt hatte, die auch mir nicht fremd sind. Sie betreffen mich nicht alle in gleichem Maße. Aber sie haben, mal mehr, mal weniger, auch mit mir zu tun.

Die Krankheiten, die mich am meisten berühren, schreibe ich hier auf: Die Krankheit Martalismus. Abgeleitet von Marta, mit ihrem übertriebenen Fleiß, wie Jesus ihn schildert. Es ist die Krankheit derer, die sich in die Arbeit stürzen und dabei unausweichlich den besseren Teil außer Acht lassen, nämlich zu den Füßen Jesu zu sitzen und ihm zuzuhören wie Maria (vgl. Lk 10,38-42).

Der Papst spricht auch von spirituellem Alzheimer, der Vergessenheit der Heilsgeschichte, der persönlichen Geschichte mit dem Herrn, der ersten Liebe. Die geistlichen Fähigkeiten gehen verloren. Das Verweilen bei oft unwirklichen Vorstellungen wächst. Die Erinnerung an die Begegnung mit dem Herrn geht verloren. Die Abhängigkeit von Leidenschaften, Launen und Begehrlichkeiten wächst.

Auch Rivalität und Ruhmsucht können wie eine Krankheit sein. Erscheinungsbild und Ehrenzeichen werden vorrangiges Lebensziel. Das Wort des Apostels Paulus wird verdrängt: »Tut nichts aus Ehrgeiz und nichts aus Prahlerei. Sondern in Demut schätze einer den anderen höher ein, als sich selber« (Phil 2,3).

Ferner die Krankheit des Klatsches, des Geraunes und des Tratschens. Es ist eine schwere Krankheit, die leicht beginnt, vielleicht nur mit etwas Gerede. Hüten wir uns vor dem Terrorismus des Geschwätzes.

In der Krankheit der Gleichgültigkeit gegenüber anderen denkt jeder nur an sich selbst. Die Aufrichtigkeit und Wärme menschlicher Beziehung geht verloren. Wenn man aus Eifersucht oder Gerissenheit sich freut, jemanden fallen zu sehen, statt ihn aufzurichten und zu ermutigen.

Theatralische Strenge und steriler Pessimismus sind oft Symptome von Angst und Unsicherheit. Verlieren wir nicht den humorvollen Geist der Freude. Er macht uns liebenswert, auch in schwierigen Situationen. Wie gut tut uns eine Prise gesunder Humor.

Schließlich noch die Krankheit des weltlichen Profits, der Zurschaustellung, wenn der Dienst zur Macht wird und die Macht zu einer Ware, um weltlichen Nutzen oder mehr Befugnisse zu erhalten. Es ist die Krankheit, die Befugnisse zu vervielfachen und dafür zu verleumden, zu diffamieren und andere in Misskredit zu bringen.

Das ist in Anlehnung an Papst Franziskus, nur eine Auswahl von Verhaltensweisen, die mich zum Sünder machen können. Ich kann sie aus eigener Erfahrung ergänzen.

Aber dann kommt das Entscheidende. Der Herr schaut mich Sünder an. Mit diesem Ansehen erhält mein Leben eine unüberbietbare Qualität.

So wie ich mich vor einem Fest äußerlich reinige, so will ich mich auch innerlich reinigen, indem ich meine Fehler nicht verdränge, sondern sie vor dem Herrn bekenne. Sein Blick ist Vergebung. Die Kirche hat diesen Vorgang sogar zur Würde eines eigenen Sakraments erhoben.

Dietrich Bonhoeffer, Märtyrer in der Hitlerdiktatur, beginnt ein Gedicht im Gefängnis mit unserer Frage: Wer bin ich? Vieles fällt ihm dazu ein. Aber nach all den Antwortversuchen legt er die Frage in die Hände Gottes:

»Wer bin ich? Einsames Fragen treibt mit mir Spott. / Wer ich auch bin, Du kennst mich, Dein bin ich o Gott.«

Komm!

*I*n den großen Adventsgesängen wiederholt sich immer wieder ein einziges Wort: der Ruf »Komm«.

Diese Gesänge sind uralt und zugleich taufrisch. Sie bringen etwas zum Ausdruck, das in jedem Menschen steckt.

Jesus Christus wird angesprochen als Weisheit, als Sehnsucht der Völker, als Wurzel Jesse, Schlüssel Davids, als aufgehendes Licht, als Immanuel, Gott mit uns.

Indem ich mich auf diese Anrufungen einlasse, dämmert es mir, wieviel Sehnsucht auch in mir steckt. In diesen Gesängen kann sie sich Bahn brechen.

___ Du Weisheit, komm!

Was ist wichtig im Leben?

Wichtig in der Familie, im Freundeskreis? Wichtig in Beruf, Freizeit oder bei der Ernährung? Jeder Mensch hat so seine eigene Lebensphilosophie.

In »Philosophie« steckt das Wort »Weisheit«.

Du Weisheit, hervorgegangen aus dem Mund des Höchsten, so ruft die Kirche im Advent zu Jesus Christus.

Du Weisheit, komm und gib uns die rechte Einsicht für unseren Lebensweg.

Lebensweisheiten werden auf vielen Werbeprospekten angeboten. Die Fülle von Therapien, Kursen, Übungen ist groß. Aber wie soll ich wissen, was das Richtige für mich ist bei all den Angeboten, Moden und Methoden?

Nicht eine Methode oder eine Sache helfen weiter, sondern eine Person. Du, Jesus Christus, bist meine Lebensweisheit in Person.

Wirklich?

Zur Person gehört Begegnung. Wie kann ich Dir begegnen, Jesus?

Das ist ganz leicht und ganz schwer.

In jedem Menschen kann ich Dir begegnen. Vor allem in dem, der mich braucht, mein offenes Herz, meine offene Hand, meine Ermutigung, mein persönliches Wort.

Das ist leicht, weil es überall diese Menschen gibt.

Das ist schwer, weil ich oft schon so besetzt bin und Herz und Hände nicht mehr frei habe.

Auch in jedem Gebet kann ich Dir begegnen, Jesus.

Arnold Schönberg, einer der bahnbrechenden Komponisten des letzten Jahrhunderts, betet so:

»Gott, Deine Gnade hat uns das Gebet gelassen als eine Verbindung, eine beseligende Verbindung mit Dir. Als eine Seligkeit, die uns mehr gibt als jede Erfüllung.«

Auch Beten ist leicht und schwer zugleich.

Leicht, weil ich Gott immer und überall ansprechen kann. Schwer, weil es so unruhig ist in mir und um mich herum.

Aber ich kann einstimmen in den Adventsruf: Du Weisheit, komm und schenke die rechte Einsicht für den Lebensweg.

Die Einsicht, dass Leben und Glauben zu ihrer seligen Erfüllung kommen in der Begegnung. In der Begegnung mit Menschen. Und in der Begegnung mit Gott.

Solche Weisheit ist besser als Gold, heißt es in der Bibel (Spr 16,16).

____ Du Sehnsucht, komm!

Was ist das größte Unglück für Sie?

Lange verweile ich bei diesem Punkt des Fragebogens. Tausend Dinge gehen mir durch den Kopf. Aber dann schreibe ich doch auf, was mir spontan zuerst einfiel. Das größte Unglück ist für mich Streit, Krieg, Unfriede.

Dieses größte Unglück ereignet sich täglich.

Dabei sehnen sich doch alle nach Frieden, nach Versöhnung, nach Gemeinschaft.

Heißt das, was ich am meisten ersehne, das trifft am wenigsten ein? Werde ich immer wieder enttäuscht mit meiner Sehnsucht?

Du Sehnsucht der Völker, so ruft die Kirche in diesen adventlichen Tagen zu Jesus. Mit diesem Ruf erhält meine Sehnsucht einen Namen, ein Gesicht.

Aber hört Jesus mein Rufen? Hat er ein offenes Ohr für mich? Enttäuscht nicht auch er meine Sehnsucht?

Es gibt nicht nur *meine* Sehnsucht. Es gibt auch *seine* Sehnsucht. Der große Theologe und Bischof Irenäus von Lyon sagt das so: »Die Sehnsucht Gottes ist der lebendige Mensch.«

Wenn Gottes Sehnsucht nach mir und meine Sehnsucht nach Gottes Hilfe sich berühren, dann zündet etwas.

Und wie soll das gehen?

Indem ich mich auf Gott einlasse. Indem ich mich mit meiner Sehnsucht Gott überlasse.

Ein Beispiel: Einer der vier Lübecker Märtyrer, die von Hitlers Leuten ermordet worden sind, betet in seiner Todeszelle:

»Herr, hier sind meine Hände,
lege darauf, was Du willst,
nimm hinweg, was Du willst,
führe mich, wohin Du willst,
in Allem geschehe Dein Wille.«

Mit einem solchen Gebet bin ich wie ein Adler, der seine Flügel ausbreitet. Der sich abstößt vom Boden der Ichhaftigkeit und des Eigensinns. Der seiner Sehnsucht nach der Weite Gottes freien Lauf lässt.

Aber kann ich ehrlich so beten?

Manchmal zucken meine Hände zurück, verkrampfen sich, wollen festhalten. Und was dann?

Dann stelle ich mir Gottes Hände vor. Beim Propheten Jesaja sagt Gott: »Sieh her, ich habe dich in meine Hand geschrieben« (Jes. 49,16).

Meine Sehnsucht ist schon in Gottes Händen angekommen. Ich versuche, sie einzuholen mit dem Gebetsruf des Advents:

Du Sehnsucht der Völker, komm!

Noch achtmal schlafen, so haben wir als Kinder gezählt. Noch achtmal schlafen, dann ist Weihnachten.

Achtmal schlafen, denken Sie jetzt vielleicht. Wenn ich es nur einmal wenigstens wieder könnte. Wieder die halbe Nacht wach gelegen. Ehe ich achtmal wirklich durchgeschlafen habe, ist sicher schon Ostern gewesen.

Früher, ja, da kam der Schlaf so gewiss wie der Abend. Heute ist mein Schlaf unsicher. Kommt er? Kommt er nicht? Braucht er Nachhilfe? – Tabletten, Alkohol, ein später Krimi?

Nicht nur mein Schlaf ist unsicher geworden. Das Weihnachtsfest ist auch unsicher geworden. Kommt es? Natürlich kommt es. Auf dem Kalender. Aber das reicht nicht. Kommt Weihnachten auch für mich?

Ich schaue auf das Bild mit dem schlafenden Mann. Den Kopf hat er in die Hand gestützt. Aus seinem Leib wächst eine Wurzel hervor.

Der Mann schläft ruhig. Denn dem Wurzelspross, der aus ihm hervorgeht, gilt eine Verheißung.

Sie steht beim Propheten Jesaja und lautet: »Ein

24

Schlafender Jesse, Kalkar 1522

Reis wächst hervor aus Jesses Stumpf. Ein Zweig bricht aus seiner Wurzel hervor« (Jes 11,1).

Jesse vertraut der Verheißung. Der Wurzelspross wächst heran. David und Salomon werden aus ihm hervorgehen. Und in weiter Ferne, nach dem Auf und Ab vieler Genrationen, wird der dieser Wurzel entsprießen, auf den die Verheißung zielt: Jesus, der »Sohn des Josef…des David, des Jesse…« (Lk 3,23.31.32).

Noch achtmal schlafen, dann singen wir wieder: Es ist ein Ros entsprungen, aus einer Wurzel zart, von Jesse kam die Art.

Ich schaue auf den schlafenden Jesse. Müsste er nicht nervös sein und unruhig, ob sich die Verheißung wohl erfüllt?

Doch Jesse schläft. Wer schläft, vertraut. Kann ich vertrauen, dass auch in meinem Leben Gottes Verheißungen sich erfüllen? Dass mein Leben gelingt? Dass mein Leben zu einem Ziel führt?

Du Wurzel Jesse, so ruft die Kirche im Advent zu Jesus. Du stehst da als Zeichen. Komm und befreie uns!

Wovon möchte ich befreit werden? Von meiner Ruhelosigkeit, von meiner ängstlichen Sorge, von meinem Misstrauen.

Und wie soll das gehen?

Indem ich in den Ruf einstimme: Du Wurzel

Jesse, komm und befreie mich. Lass mich vertrauen, dass mein Leben gelingt.

Dann kann Weihnachten werden. Nicht nur auf dem Kalender.

Du Schlüssel Davids, komm!

Ist Ihnen das auch schon mal passiert?

Ich stehe vor meiner Haustür. Ich habe den Schlüssel doch eingesteckt. Rechte Tasche, linke Tasche. Wo ist der Schlüssel geblieben? Ich rüttle an der Tür. Verschlossen.

Nicht nur die Haustür kann verschlossen sein. Auch der Zugang zu einem Leben, das Freude macht, kann verschlossen sein. Gibt es dazu einen Schlüssel?

Du Schlüssel Davids, so spricht die Kirche jetzt im Advent Jesus an.

Der Hinweis auf David erinnert an die Psalmen, die alten Gebete Israels.

»Herr, Du kennst mich«, heißt es dort. »Du weißt um mich« (Ps 139).

Jesus ist der, vor dem mein Leben offen liegt, der mich kennt wie niemand sonst. Der mir Türen öffnen will, damit mein Leben sich noch mehr entfaltet.

Drei Türen sind es, auf die es ankommt.

Die erste Tür führt zu den Menschen. Dass ich mich nicht in mich selbst verschließe. Dass ich offen bin für die Menschen in meiner Umgebung, für ihre Anliegen, Freuden, Sorgen. Dass ich einen Blick habe für die Not der Menschen in unserer Zeit. Dass ich meine eigenen Sorgen nicht zum Nabel der Welt mache.

Du Schlüssel Davids, komm und mach mich offen.

Die zweite Tür ist die Tür zu Gott. Ohne Jesus wüssten wir viel zu wenig von Gott. Mit den Worten und Taten Jesu, wie sie in der Bibel aufgeschrieben sind, habe ich einen Zugang zu Gott.

Jesus sagt von sich selbst: »Ich bin die Tür« (Joh 10,7). Aber ich soll nicht draußen vor der Tür stehen bleiben.

Du Schlüssel Davids, komm und öffne mir die Tür zu Gott.

Die dritte Tür ist die Tür zu mir selbst. Weil ich oft zu sehr nach außen lebe und zu wenig nach innen, bin ich mir selbst manchmal fremd. Und wenn ich innehalte, still werde, bei mir selbst bin, erschrecke ich manchmal vor meiner Oberflächlichkeit, meiner Gedankenlosigkeit, meinem Mangel an Tiefgang.

Du Schlüssel Davids, komm und öffne mir die

Tür zu mir selbst. Dann kann ich meine eigenen Tiefen wahrnehmen.

Wenn ich diesen Schlüssel zu den drei Türen gebrauche, der Tür zu mir selbst, zu den Menschen und zu Gott, dann erfahre ich, wie alle drei Türen zusammenhängen. Dann nehme ich wahr, wie sich mein Leben entfaltet.

Du Schlüssel Davids, komm und öffne

____ Du aufgehendes Licht, komm!

»Kennen wir uns nicht?« So spricht mich im Stadion des HSV Hamburg jemand an. Ich schaue ihm ratlos ins bärtige Gesicht.

»Ich muss wohl nachhelfen«, schmunzelt der andere. »Stichwort Studentenverbindung«. Ich versuche, mich an die Freunde aus der Studentenzeit zu erinnern.

»Da geht mir ein Licht auf«, rufe ich. Endlich habe ich den Studienfreund von damals wiedererkannt.

Da geht mir ein Licht auf – typischer Ausruf für eine plötzliche Erkenntnis.

In diesen Adventstagen gehen mir viele Lichter auf. Es ist ja die Zeit der Lichterwochen in unseren Städten und Dörfern. Lichterbäume und Lichterketten verzaubern die dunkelste Zeit des Jahres. Ich gehe gern durch solche Lichterstraßen.

Aber was erleuchten sie? Bauwerke, Warenangebote auf den Weihnachtsmärkten, Straßen mit eiligen Menschen. Erleuchten sie auch mich? Kann mir vor lauter Lichtern noch ein Licht aufgehen?

Du aufgehendes Licht, so ruft die Kirche im Advent zu Jesus. Komm und erleuchte, die sitzen in Finsternis.

Auch die schönsten Lichterketten täuschen nicht darüber hinweg: Es gibt so viel Dunkelheit.

Viele spüren gerade in diesen Tagen ihre Dunkelheit. Die Krankheit, die nicht heilen will. Die Trennung, die so weh tut. Die Sorge, die einen bis in den Schlaf hinein verfolgt. Geballte Dunkelheit.

Von den Menschen, die im Dunkel sitzen, sagt der Prophet Jesaja: »Sie schauen ein großes Licht« (Jes 9,2). Ob ich das auch sehen kann?

Voraussetzung ist, dass ich zunächst einmal die Dunkelheit an mich herankommen lasse und wahrnehme. Die Dunkelheit in der Welt. Die Dunkelheit in mir.

In diese Dunkelheit hinein spricht der Apostel Paulus: »Lebt als Kinder des Lichtes« (Eph 5,8).

Und wie geht das?

Paulus weiter: »Das Licht bringt lauter Güte, Gerechtigkeit und Wahrheit hervor« (Eph 5,8f).

Dann kann mir ein Licht aufgehen:

Wenn durch meine Güte es andere auch gut haben.

Wenn durch meine Gerechtigkeit die ungerechte Güterverteilung in der Welt gemindert wird.

Wenn durch mein Stehen zur Wahrheit der Lüge die Maske heruntergerissen wird.

Dann geht mir das Licht auf, um das die Kirche im Advent bittet.

Du aufgehendes Licht, komm und erleuchte, die sitzen in Finsternis und im Schatten des Todes.

___ Du Gott mit uns, komm!

Telefonanrufe nach Rom, Sydney oder Shanghai sind heute selbstverständlich. Kann ich auch Gott mit meinem Anrufen im Gebet erreichen?

Will ich überhaupt Gott mit meinem Anrufen erreichen? Der wichtigste Anruf in den Gebeten der Adventszeit heißt: Komm.

Und wenn Gott wirklich käme? Komm – und wenn er plötzlich vor mir stünde? »Wer wird ertragen den Tag seines Kommens?« (Mal 3,2), so warnt der Prophet Maleachi im Alten Testament. Könnte ich es denn ertragen, wenn Gott auf einmal mir gegenüberstünde? Sichtbar, hörbar?

Antlitz des Christus von Weißenburg

Sollte ich dann nicht doch lieber rufen: Komm nicht, jedenfalls nicht sofort, vielleicht später einmal? Denn wenn Du kommst, Gott – was dann? Dann schaust Du mich an. Durch und durch. Dann kann ich Dir nichts mehr vormachen. Dann kann ich auch mir nichts mehr vormachen.

In Deinem ersten Kommen in Betlehem kamst Du als armseliges Kind. Damit sich niemand zu klein und gering vorkommen muss, um Dir zu begegnen.

In unserer Zeit kommst Du in Deinem Wort und Sakrament, in den Regungen des Gewissens und in jedem, der Hilfe braucht. Damit ich mit freier Zustimmung Dir begegnen kann.

Am Ende meines irdischen Weges aber kommst Du endgültig, sodass ich Dir nicht mehr ausweichen kann.

»Wohin gehen wir«, fragt der Dichter Novalis. Seine Antwort: »Immer nach Hause.«

Weihnachten richten wir unseren Blick nach Hause. Auch auf unser endgültiges Zuhause bei Gott. Wer zeigt uns den Weg dorthin?

»Gott ist in uns zu Hause«, sagt Meister Eckart, der große Gottsucher des Mittelalters. Gott ist in uns zu Hause. »Wir sind Fremde«.

Komm, Du Gott mit uns, so ruft die Kirche in diesen Adventstagen zu Jesus.

Mit solchem Rufen versuche ich, bei mir selbst zu sein. Bei mir zu Hause zu sein.

Und wahrhaftig: Wenn ich wirklich bei mir selbst bin, dann bin ich auch bei Dir, Gott.

Dann kann auch ich die Erfahrung machen, die viele schon vor mir machten: Ich könnte gar nicht zu Dir rufen, Gott, wenn Du mich nicht schon längst angesprochen hättest. Ich könnte Dich gar nicht suchen, wenn Du mich nicht schon längst gefunden hättest.

Komm, Du Immanuel, Du Gott mit uns, der Du mir näher bist als ich mir selber bin. Komm!

Der ferne und der nahe Gott

*I*ch gehe durch eine fremde Großstadt. Hektische Betriebsamkeit. Tausende von Menschen. Ich bin allein. Niemand kennt mich. Da höre ich meinen Namen. Werner! Habe ich mich getäuscht? Noch einmal, leise aber vernehmbar: Werner! Ich drehe mich um. Vor mir steht ein alter Schulfreund, und wir fallen uns in die Arme.

Ist das eine Weihnachtsgeschichte? Nein. Der Stall von Bethlehem mit dem Kind in der Krippe, die Hirten auf dem Feld und der Gesang der Engel kommen nicht vor. Aber das Erlebnis passt doch zu Weihnachten. Denn Weihnachten bedeutet: Wir sind nicht mehr Fremde. Wir sind nicht mehr allein. Gott ist uns ganz nahe gekommen. Das ist das Überraschende an Weihnachten, noch viel überraschender als meine Begegnung mit dem Schulfreund: Gott ist nahe. Er kennt mich. Er ruft mich beim Namen.

Der Abstand zwischen Gott und Mensch ist gewaltig. Millionenfach größer als der Abstand zwischen Mensch und Hund. Wir hatten zu Hause einen Hund. Polly hieß er. Eine Zeitlang war er mein bester Freund. Als Jugendlicher hörte ich gern Musik von Beethoven. Ich wollte, dass Polly auch Beethoven hört. Aber er kläffte nur, sobald ich die Musik auflegte. Wie kann ich dem Hund Beethoven nahebringen, überlegte ich. Aber ich habe es bald aufgegeben. Polly und Beethoven – dazwischen liegen Welten.

Gott und Mensch – der Abstand ist noch viel größer. Aber Gott gibt nicht auf. Als alles nicht hilft, Abraham nicht, Moses nicht, die Propheten nicht, da tut Gott das Überraschende. Er selbst wird Mensch. Dann müssen mich die Menschen doch verstehen, sagt er sich. Aber während *vor* Bethlehem und Stall und Krippe Gott zu weit von uns entfernt war, ist er uns *jetzt* auf einmal zu nah. Ein Kind in der Krippe, ein Mensch wie du und ich, das soll Gott sein?

Ewiger Gott, zu Weihnachten wollen wir es Dir sagen: Du kommst uns oft zu fern vor, so unendlich weit weg, sodass wir uns allein fühlen. So wie ich damals in der fremden Großstadt. Oder aber Du kommst uns zu nah vor, sodass wir kaum glauben könne, dass Du es bist, den wir im Brot der Kommunion empfangen, dass Du es bist, der uns beim Namen ruft, der uns kennt und liebt.

Ich schaue auf das Kind in der Krippe. Jedes

Kind ist ein Wunder. Dieses Kind ist das Wunder aller Wunder.

So klein ist Gott geworden. Ich brauche vor ihm so wenig Angst zu haben wie vor einem Kind. Aber ich kann ihn jetzt auch leicht übersehen – wie ein Kind. So hilfsbedürftig ist Gott geworden wie ein Kind. Ich kann ihm helfen, auch wenn meine Kräfte noch so gering sind. Er wartet auf meine Hilfe. So nahe ist Gott geworden. Er rückt mir in allen hilfsbedürftigen Menschen auf den Leib. Aber diese Nähe birgt auch die Gefahr in sich, dass ich ihn nicht ernst nehme.

So wie ich damals in der fremden Stadt mir allein vorkomme, so kommen viele Menschen sich allein vor. Aber sie sind nicht allein. Der ferne Gott des unendlichen Weltalls ist ganz nahe. Er ruft uns beim Namen. Er kennt uns. Und wir dürfen ihm gerade zu Weihnachten sagen: Gott, hier bin ich. Mit allem, was zu mir gehört an Lebensgeschichte und Lebensschicksal.

Hier bin ich, Gott, mit allen Menschen, die zu mir gehören. Du ferner und Du naher Gott.

Noch weniger, als ein Hund Beethovens Musik verstehen kann, kann ich Dich verstehen, Gott. Du bist unvorstellbar fern. Aber im Kind von Bethlehem und im Brot der Eucharistie bist Du unvorstellbar nahe. – Kommt, lasset uns anbeten.

Weihnachten
dreidimensional

Vor einigen Tagen traf ich eine Achtjährige aus
der Nachbarschaft. Sie sah ziemlich traurig aus.
Als ich sie darauf ansprach, kamen auch gleich
die Tränen. Ihr Kummer war, dass sie ihr Weihnachtshaus, wie sie es nannte, nicht fertig basteln
konnte bis zum Fest. Es sollte ein Haus werden wie
eine Puppenstube, aber alles weihnachtlich geschmückt.

Ich tröstete sie, es sei ja auch schwierig, bis
Weihnachten alles fertig zu bekommen. »Be-
kommst du dein Weihnachtshaus denn fertig«,
fragte sie mich, »mit Tannenbaum, Krippe und
Kerzen?«

Die Frage beschäftigt mich. Es ist Weihnachten. Aber ist mein Weihnachtshaus fertig? Ich meine jetzt nicht mein äußeres Haus. Sondern mein
inneres Haus, mein Glaubenshaus.

Mein weihnachtliches Glaubenshaus braucht
wie jedes Haus drei Ausdehnungen, drei Dimensionen.

Erste Dimension: dass ich glaube, dass Jesus
wirklich damals in Bethlehem zur Welt gekom-

men ist. Das fällt mir nicht schwer zu glauben. Das kann ich sogar wissen. Über kaum eine Person der Zeitenwende wissen wir so gut Bescheid wie über Jesus. Damit ist allerdings noch nicht gesagt, wer dieser Jesus ist.

Das erklärt sich in der zweiten Dimension: dass ich glaube, dass das Kind von Bethlehem, dieser Jesus von Nazareth, der Christus ist, der Gesalbte Gottes, der Gekreuzigte und Auferstandene, der lebt und der mit mir zu tun haben will. Und der erwartet, dass ich ihn aufnehme, in mein ganz konkretes Leben hinein. Der die wichtigste Person in meinem Leben sein will. Der größtes Interesse daran hat, dass ich mit ihm rede, immer wieder mit ihm rede im Gebet, dass ich ihm begegne in der Feier der Sakramente, dass ich seinen Auftrag erfülle in tatkräftiger Hilfe für andere.

Mit dieser zweiten Dimension erfährt mein Glaubenshaus Ausdehnung, wird zur Fläche mit Länge und Breite.

Aber eine Fläche ist noch kein Haus. Es braucht eine dritte Dimension, die Höhe. Erst dann wird mein Glaubenshaus bewohnbar, schenkt Geborgenheit und Schutz und wird zum Lebensraum.

Zu dieser dritten Dimension gehört: dass ich daran glaube, dass der Jesus damals in Bethlehem und der gegenwärtige Jesus heute auch der kommende ist. Dass er meine absolute Zukunft ist und mir Zukunft schenkt, dauerhaftes, bleibendes Leben für immer. Dass er mich am Ende meiner Lebenszeit in sein immerwährendes Leben aufnimmt.

Mit dieser dritten Dimension wird mein Glaubenshaus zum Lebenshaus, zum geistlichen Lebensraum.

Jetzt frage ich mich, welche der drei Dimensionen ist in meinem Glaubenshaus am stärksten ausgeprägt und welche am schwächsten. Die Dimension des Damals, die Geburt Jesu in Bethlehem, die Dimension des Heute, dass Jesus heute bei mir ankommen will, oder die Zukunftsdimension, dass Jesus mir ewiges Leben schenkt.

Wer wirklich Weihnachten feiert, beherzigt alle drei Dimensionen, die Dimension Bethlehem damals, die Dimension hier und heute, und die Dimension, die am Sterbetag anfängt. Weihnachten ist ein dreidimensionales Fest.

Damit mein weihnachtliches Glaubenshaus auch dann noch bestehen kann, wenn die Feiertage vorüber sind, braucht es zusätzlich auch ein dreifaches Fundament. Nur mit diesem Fundament kann mein Glaubenshaus den Stürmen trotzen. Dem Sturm der Beliebigkeit, dem Sturm der Bequemlichkeit, dem Sturm des intellektuellen Hochmutes.

Das dreifache Fundament besteht aus Wissen, aus Glauben und aus Handeln.

Ich muss wissen, was es mit Glaube und Kirche auf sich hat. Sonst bringt mich jeder kritische Zeitungsartikel ins Schleudern. Ferner muss ich auch glauben wollen, also dazu stehen, dass es mehr in meinem Leben gibt als das, was man berechnen und beweisen kann.

Und ich muss schließlich das, was Jesus von mir erwartet, auch praktizieren, im Gebet, im Gottesdienst, in Taten der Liebe. Dann hat mein Glaubenshaus ein festes Fundament. Dann kann es auch im Alltag bestehen.

Mein Weihnachtshaus ist nicht fertig, klagte das Kind.

Und wie steht es mit meinem Glaubenshaus? Vielleicht ist das auch noch nicht richtig fertig. Aber es muss ja auch nicht fertig sein. Es ist schon viel gewonnen, wenn mein weihnachtliches Glaubenshaus im Bau ist.

Weihnachtserfahrungen

—— Dunkelheit

Dass das Weihnachtsfest nach der Nacht benannt ist, macht deutlich: Die Nacht gehört unverzichtbar zu diesem Fest.

Nachterfahrung auch im Text der Bibel: »Das Volk, das im Dunkeln lebt, sieht ein helles Licht«, heißt es beim Propheten Jesaja (Jes 9,1).

Dunkelheit irritiert. Dunkelheit macht Angst. Ich meine nicht so sehr die Dunkelheit draußen. Dafür gibt es Straßenlaternen. Ich meine das Dunkel drinnen, im Menschen, in mir.

Ich finde es tröstlich, dass die Dunkelheit auch zu Weihnachten gehört. Beim Propheten Jesaja wird die Dunkelheit konkret benannt: Gewalt und Blutvergießen sind angesprochen, wenn vom Soldatenstiefel die Rede ist, der dröhnend daher stampft. Oder vom Mantel, der mit Blut befleckt ist.

Wem kämen da nicht die heutigen Kriegsgebiete wie Irak oder Syrien in den Sinn! Unsere Welt ist voll von Gewalt. Nicht nur in der Ferne. Auch in der Nähe.

Wir in Deutschland tragen dazu bei. Panzer und anderes Kriegsmaterial verkaufen wir auch zum Fest des Friedens in den Süden.

Und zum Fest des Lebens wird organisierte Sterbehilfe bei uns propagiert. Anfang und Ende des Lebens sind bei uns bedroht wie selten zuvor. Geballte Dunkelheit.

Und wo bleibt das Licht?

Drei Hinweise können hilfreich sein, um auch das Licht wahrzunehmen.

Als erstes ist wichtig, nicht die Augen zu verschließen vor der Dunkelheit in unserer Welt, in unserer Gesellschaft und auch in uns selbst.

Als zweites hilft mir, dass ich in mich hineinhorche. Was sagen mir mein Gefühl, mein Gewissen, meine innere Stimme? Was wollte ich vielleicht schon längst tun und habe es bis jetzt aufgeschoben? Zu welchem Handeln drängt mich das Licht der Weihnacht?

Und noch ein letzter Hinweis, damit mir das Licht der Weihnacht aufgeht: Ich sage das, was mir durch den Kopf und durchs Herz geht, dem Kind in der Krippe. Gott hört mich an in der Gestalt dieses Kindes. Er fällt mir nicht ins Wort. Er beurteilt mich nicht. Er verurteilt mich nicht.

Wenn ich mich in Stille dem Kind in der Krippe zuwende, dann lässt er mich erfahren, was für mich dran ist, was ich zu tun habe und was zu lassen, was sein Auftrag für mich ist, was der Sinn meines Daseins ist.

Vom Sinn spricht auch Papst Benedikt in seinem Buch über die Kindheitsgeschichten Jesu. Er weist darauf hin, dass die biblische Aussage »Das Wort ist Fleisch geworden« auch so übersetzt werden kann: »Der Sinn ist Fleisch geworden.«

Das sagt mir: Jesus Christus ist in die Welt gekommen, damit ich den Sinn meines Lebens erkennen kann. In Verbindung mit ihm bekommt mein Leben tiefen Sinn. Mit ihm kann ich den Sinn besser erkennen, auch in Krisen, auch in Dunkelheiten, auch in allem, was mich bedrückt und quält.

Dann wird es hell in mir. Dann hält mich weder die Dunkelheit in der Welt noch die Dunkelheit in mir selbst davon ab, Sinnvolles, Gutes zu tun.

Denn der Sinn meines Lebens ist für mich greifbar, begreifbar geworden, hat Hand und Fuß bekommen durch das Kind von Bethlehem, in welchem Gott selbst zu uns kommt.

Es gibt so viel Dunkelheit. Aber das Licht leuchtet.

Enttäuschung

Es war in der Halle eines großen Hotels. Mittendrin ein großer wunderbarer Weihnachtsbaum, festlich geschmückt.

Am Fuß des Baumes lagen große und kleine Geschenkkartons, bunt verpackt und mit breiten Bändern verschnürt.

Ein Kind, das sich mit seinen Eltern in der Hotelhalle aufhält, fühlt sich von den Päckchen magisch angezogen. Immer wieder krabbelt es darauf zu. Immer wieder ruft die Mutter es zurück. Aber dann gelingt es ihm doch, ein Päckchen zu schnappen. Doch bevor das Kind das Päckchen aufreißen kann, hat die Mutter es wieder zurückgeholt.

Das spielt sich nicht ohne Schimpfen und nicht ohne Tränen ab. Ein Hotelangestellter eilt hinzu: »Lassen Sie das Kind ruhig ein Päckchen öffnen«, meint er zur Mutter. Gespannt und aufgeregt nestelt das Kind an den Bändern. Das dauert. Endlich kann es den Deckel abheben. Und: Die Schachtel ist nur mit Zeitungspapier gefüllt. Es war nur äußerlich weihnachtlich, innen war nichts Weihnachtliches. Was für eine Enttäuschung.

Weihnachten als Enttäuschung. Enttäuschung ist unvermeidlich, wenn ich Weihnachten nur äußerlich feiere und innen nichts ist. Wenn ich mich der Täuschung hingegeben habe, ich könnte Weihnachtsfreude organisieren. Natürlich machen wir uns zu Weihnachten gegenseitig Freude. Das ist guter Brauch. Aber die entscheidende Weihnachtsfreude kommt nicht von uns. Sie kann nur von Gott kommen. Er will uns beschenken. Beschenken mit sich selbst. Unsere gegenseitigen Geschenke können dafür ein schönes Zeichen sein.

_____ Auf Augenhöhe

Im Stall von Bethlehem ist alles ganz einfach. Eine Frau, ein Mann, ein neugeborenes Kind. Eine armselige Umgebung. Das kennen wir doch.

Die Bibel verkündet uns: In diesem Kind von Bethlehem kommt Gott selbst auf uns zu. Weihnachten ist eine gute Gelegenheit, mit Gott Erfahrungen zu machen. Und auch mit uns selbst.

Die Tage vor Weihnachten waren oft hektisch und laut. Jetzt geht es um Stille. Die Geschäfte mit ihren verlockenden Auslagen boten Äußerliches. Jetzt geht es um Innerliches.

Manchmal wurde ich gefragt, was ich mir wünsche. Jetzt frage ich das Kind von Bethlehem: Was wünschst du dir von mir?

Jetzt geht es um Stille: Das hat mich beeindruckt, wie in dem Film »Von Menschen und Göttern« die Mönche in der Weihnachtsnacht in feierlicher Prozession das Jesuskind zur Krippe tragen.

In Stille. Und mit Gesang. Gesang kann wie Stille sein. Stille kann wie Gesang sein. Indem ich still auf das Jesuskind in der Krippe schaue, in der Kirche oder zu Hause, nicht von oben herab, sondern auf Augenhöhe, nähere ich mich dem Geheimnis Gottes.

Weihnachten bin ich immer auch zu Besuch bei den Obdachlosen. Die Schwestern von Mutter Teresa laden sie und mich ein. Wir singen dann die alten Lieder, wir erzählen von früher. Mit leuchtenden Augen. Aber auch mit Tränen. Manchmal beides zugleich.

Ich möchte nicht mit einem Obdachlosen tauschen. Ihr Leben ist furchtbar schwer, und wir müssen alles tun, es zu verändern. Aber manchmal habe ich den Eindruck, sie sind näher bei Gott. Oder Gott näher bei ihnen? Vielleicht weil die Situation Obdachloser mehr Ähnlichkeit hat mit dem Stall von Bethlehem.

Als Christen bemühen wir uns, auf Augenhöhe mit der Welt zu sein. Das ist wichtig. Wichtiger ist es, auf Augenhöhe mit dem Kind in der Krippe zu sein. Dafür müssen wir uns tief bücken. Aber dann sind wir auch auf Augenhöhe mit den Armen.

Stille Nacht

Stille Nacht

Noch schläft er:
der unerhörte Revolutionär
mit dem hörenden Herzen.
Die kleinen Finger
zu Fäusten geballt.

Diese stille Nacht –
nur Seufzen höre ich
der geringsten meiner
Brüder und Schwestern.

Am Morgenhimmel
geballtes Rot
Nelke in einer Faust
Darüber
dieses unberührte Blau
vom Mantel der Frau
an der Krippe.

Ulla Hahn

Ein Gedicht mit der Überschrift »Stille Nacht« kann nur ein Weihnachtsgedicht sein. So tief haben wir uns das gleichnamige Weihnachtslied ins Gemüt gesungen.

Auf den ersten Blick ist es auch ein Weihnachtsgedicht. Das schlafende Kind mit den kleinen Fingern und das Blau vom Mantel der Frau an der Krippe bestätigen es.

Aber dann melden sich Irritationen. Von einem Revolutionär ist die Rede, von geballten Fäusten und geballtem Rot, von einer Faust, die eine Nelke umschließt. Mit herkömmlicher Weihnachtsstimmung hat das nichts mehr zu tun.

Ist es also kein Weihnachtsgedicht?

»Noch schläft er«. Die erste Zeile weckt Fragen und Erwartungen. Was wird sein, wenn er aufwacht, herangewachsen ist, seine Absichten erkennbar werden?

Er wird die Welt verwandeln. Mehr als jeder Revolutionär. Das Wort kommt aus dem Lateinischen. Im wörtlichen Sinn bedeutet es Zurückwälzen, einen ursprünglichen Zustand wiederherstellen. Er wird die ursprüngliche Gemeinschaft zwischen Gott und Mensch erneuern.

Deshalb ist sein »hörendes Herz« so bedeutsam. Denn er wird nicht wie andere Revolutionäre aus eigener, gewaltsam an sich gerissener Vollmacht handeln. Sondern was er horchend und gehorchend von seinem Vater hört, das wird er verkünden. Das Verhältnis zu diesem ist der Dreh- und Angelpunkt seiner Existenz.

Die Bezeichnung »hörendes Herz« ist der Bibel abgelauscht. Als König Salomon von Gott nach seinen Wünschen gefragt wird, da bittet dieser nicht um Reichtum oder andere irdische Güter. Er bittet um ein hörendes Herz. Salomon will mit seinem ganzen Dasein auf Gott hören und dessen Willen erfüllen (1 Kön. 3,5ff). In dieser Tradition steht auch der Neugeborene aus Betlehem. Er erwartet Alles von Gott und weiß sich ganz dessen Auftrag verpflichtet.

Dass er selbst unerhört ist, zeigt sein Lebens- und Sterbensweg. Das auserwählte Volk Gottes, zu dem er zuerst gesandt ist, hört nicht auf ihn. Er verkündet ja eine neue Lehre, die er mit Vollmacht vorträgt. Das finden die meisten unerhört. Staunen und auch Ablehnung sprechen aus solcher Reaktion.

Es geht ihm um die Armen, denen er die Botschaft der Befreiung bringt, um die Unterdrückten, die Zukurzgekommenen, die Kleinen und Verachteten. Wer im Lesen des Gedichtes deren Seufzen mithört, folgt der Spur dieses unerhörten Boten Gottes.

Der Morgenhimmel, mit dem die letzte Strophe beginnt, vermittelt hier kein romantisches Na-
turgefühl. Er zeigt im »geballten Rot« an, was
schon die geballten Fäuste des Kindes in der ersten
Strophe signalisieren: etwas umstürzend Neues.

Die Nelke in der Faust lässt an das Wider-
standssymbol in der Französischen Revolution
denken. Sie war Zeichen derer, die unter der Guil-
lotine ihr Leben ließen. Später wurde die rote Nelke zur »Arbeiterblume«, zum Merkmal der Kämp-
fenden für die Rechte der Arbeiter. Der in diesem
Gedicht Gemeinte will allen Mühseligen und Be-
ladenen Recht verschaffen. Dafür wird er leben
und sterben.

Auf manchen Gemälden, die Maria mit dem
Jesuskind zeigen, ist ebenfalls eine Nelke zu sehen.
Neben Albrecht Dürers Bild ist besonders bekannt
Leonardo Da Vincis Werk »Madonna mit der Nel-
ke«.

Im mittelhochdeutschen Sprachgebrauch heißt
Nelke »nagelen« als Verkleinerungsform für Na-
gel. In der Gewürznelke sah man sogar die Form
eines Kreuzesnagels. So verweisen auch solche Bilder mit der Nelke trotz ihrer friedvollen Mutter-
Kind-Darstellung weit voraus auf die Nägel, mit
denen diesem Kind als Erwachsenem Hände und
Füße durchbohrt werden.

In unserem Gedicht kann die Nelke für beides stehen: für das Umwälzende in der Gottesbeziehung, das dieses Kind in die Welt bringt, und für das Kreuzesereignis, durch das diese neue Beziehung endgültig Wirklichkeit wird.

Das Ende des Gedichtes passt wieder zu gewohnten Weihnachtsempfindungen. Auf vielen Bildern, die das Geheimnis von Betlehem zum Thema haben, ist Maria in einen blauen Mantel gehüllt. Blau ist die Farbe des Himmels. Im Blau des Mantels ist der Himmel noch unberührt. Aber der Himmel ist berührbar geworden in diesem neugeborenen Kind, weil in ihm Gott Mensch geworden ist, einer von uns.

Also ist es doch ein Weihnachtsgedicht. Es dringt ein in die Tiefen der Menschwerdung Gottes. Diese bringt eine ungeheure Umwälzung, ein neues Verhältnis zwischen Mensch und Gott. Es wird besiegelt durch den Tod Jesu am Kreuz, an dem er angenagelt stirbt. Für die Bedürftigen dieser Erde bringt dieser Vorgang neue Hoffnung und Zuversicht. Wer das Seufzen der Armen nicht unbeteiligt hört, trägt diese Botschaft weiter.

Dann ist es noch mehr als ein Weihnachtsgedicht: nicht ohne zu provozieren regt es dazu an, sich einzulassen auf das Mysterium von Menschwerdung und Erlösung.

Ochs und Esel an der Krippe

*D*ummer Ochse. Fauler Esel.

Wer solche Schimpfworte hört, wird kaum daran denken, dass Ochs und Esel zur Weihnachtskrippe gehören. Sie haben an der Krippe sogar einen bevorzugten Platz, ganz nahe beim Jesuskind.

Krippenbild aus der Bilderdecke der
St. Martins-Kirche zu Zillis, Graubünden, um 1130

Auf diesem Bild aus dem 12. Jahrhundert sind Ochs und Esel sogar die einzigen, die dem göttlichen Kind Gesellschaft leisten. Nicht einmal Maria und Josef sind zu sehen. Auch die Hirten sind noch nicht da. Warum aber ausgerechnet Ochs und Esel?

Die Bibel erzählt nur, dass Jesus nach der Geburt in eine Krippe gelegt wurde, weil in der Herberge kein Platz für ihn war. In den Evangelien ist von Ochs und Esel nicht die Rede.

Und warum gehören sie dann seit dem Mittelalter zur Krippe? Der Grund findet sich schon beim Propheten Jesaja, mehr als 700 Jahre vor der Geburt Jesu. Dort heißt es: »Der Ochse kennt seinen Besitzer und der Esel die Krippe seines Herrn. Mein Volk aber hat keine Einsicht« (Jes 1,2f).

Ein Ochse spürt instinktiv, wohin er gehört. Ein Esel wittert, wo er seinen Hunger stillen kann. Ochs und Esel an der Krippe werden zum Signal: Ich soll einsehen, dass dieses Kind meinen Lebenshunger stillt, dass ich bei ihm zu Hause bin.

Aber was für ein Zuhause hat Gott sich da gewählt! Er kommt zur Welt in einem Stall, zugig und unbehaust. So arm ist Gott geworden, dass meine Armut ihn nicht stört. So klein ist Gott geworden, dass ich mich vor ihm nicht verstecken muss. So menschlich ist Gott geworden, dass ihm nichts Menschliches fremd ist. Mit dem Verstand allein kann ich das nicht begreifen.

Ochs und Esel an der Krippe machen deutlich: Nicht nur der Verstand ist notwendig für die Einsicht in das Geheimnis des menschgewordenen Gottes. Ich muss auch auf meine inneren Regungen achten, auf die Kräfte von Instinkt, Gemüt und Gefühl. Auch diese sind notwendig, damit ich bei Gott ankommen kann. Und damit er bei mir ankommen kann.

Wenn ich auf Ochs und Esel an der Krippe schaue, dann kann ich ahnen, wo ich zu Hause bin und wo mein Lebenshunger gestillt wird.

Ort und Zeit

Im Land Israel sind Ort und Zeit in der Heilsge-schichte aufs Innigste verbunden. Gott macht hier seine Allgegenwart an einem Ort fest. Und seine Ewigkeit taucht ein in unsere Zeit.

Der Stern zeigt die Stelle, wo Jesus nach ältester Überlieferung zur Welt gekommen ist. »Hier ist Jesus Christus von der Jungfrau Maria geboren worden«, so steht es auf dem Schriftzug auf der Rundung des Sterns in lateinischer Sprache.

Stern in der Geburtsgrotte in Bethlehem

Bevor ich die Geburtskirche betreten kann, muss ich mich erst einmal tief bücken. So niedrig ist das Portal.

In einer alten jüdischen Geschichte wird ein Rabbi gefragt: »Wie kommt es, dass heutzutage niemand mehr Erfahrungen mit Gott macht?« Seine Antwort: »Weil sich niemand mehr so tief bücken will.«

Die Geburtskirche in Bethlehem betritt man gebückt. Wo Gott als Mensch sich klein macht, da kann der Mensch sich nicht groß machen wollen.

Der Name »Bethlehem« heißt ins Deutsche übersetzt »Haus des Brotes«. Die fremde Bezeichnung birgt ein Geheimnis. Aus der Vermählung von Ort und Zeit in der Menschwerdung Gottes in Bethlehem ist so viel Fruchtbarkeit hervorgegangen, dass sich jetzt an jedem Ort und zu jeder Zeit Begegnung mit Gott im Zeichen des Brotes ereignen kann. Nämlich überall dort, wo man das Geheimnis des Glaubens feiert. Immer dann, wenn das Brot der Eucharistie gläubig empfangen wird. Überall dort ist jetzt das Haus des Brotes, wo Ort und Zeit verbunden sind mit Allgegenwart und Ewigkeit Gottes.

Das Zeugnis der Märtyrer

Es verwundert immer wieder neu, dass am zweiten Weihnachtstag des Märtyrers Stephanus gedacht wird. Aber es ist nur konsequent, dass nicht nur der menschgewordene Gott von Anfang an Verfolgung erleidet. Sondern auch die, die ihm nachfolgen und seine Zeugen sind.

Die Bibel erzählt, wie Stephanus zum Märtyrer wird: »Erfüllt vom heiligen Geist, blickte (er) zum Himmel empor, sah die Herrlichkeit Gottes und Jesus zur Rechten Gottes stehen und rief: Ich sehe den Himmel offen und den Menschensohn zur Rechten Gottes stehen. Da erhoben sie ein lautes Geschrei, hielten sich die Ohren zu, stürmten gemeinsam auf ihn los, trieben ihn zur Stadt hinaus und steinigten ihn« (Apg 7,55ff).

Märtyrer gibt es in der Christenheit von Anfang an bis heute. Märtyrer bedeutet Zeuge.

Der christliche Märtyrer drängt sich nicht zum Sterben. Er will leben. Auch wendet er keine Gewalt an. Aber er verrät Christus nicht, um seine Haut zu retten. Die Gemeinschaft mit Christus ist ihm wichtiger als das eigene Leben.

Das gilt für Stephanus im ersten Jahrhundert.

Das gilt für die vier Lübecker Märtyrer im 20. Jahrhundert. Es handelt sich um drei katholische Kapläne und einen evangelischen Pfarrer.

Gemeinsam schärften sie in Predigten, Gesprächen und Hilfsleistungen für Zwangsarbeiter die Gewissen. Nach einem Schauprozess in Lübeck wurden sie am 10. November 1943 im Minutentakt im Hamburger Gefängnis Holstenglacis von Hitlers Anhängern ermordet.

Ihre Briefe aus dem Gefängnis geben Zeugnis von ihrer Glaubenskraft. Am 24./25. Juni 2011 wurden die Kapläne selig gesprochen und des evangelischen Pastors in ehrenvoller Weise gedacht.

In der Betrachtung des Bildes verbinde ich mich mit dem ersten Märtyrer der Christenheit und mit allen, die ihm folgten. Ich frage mich, wie es mit meinem Zeugnis für Christus steht.

1.

Die Steine fliegen Stephanus an den Kopf. Er aber erhebt seine Hände zu Gott. Sein Haupt blutet aus vielen Wunden. Er aber vertraut sich der Hand Gottes an.

Stephanus ist in Lebensgefahr. Aber selbst der Tod kann ihm nichts anhaben. Sein Vertrauen in Gott ist stärker als alle Bedrohung.

Kaplan Prassek, einer der Lübecker Kapläne, schreibt am 13. Dezember 1942 aus dem Gefängnis an Bischof Berning von Osnabrück:

»Seit Jahren ist dieses mein Wort: Ich bin der Herr, dein Gott, der dich bei der Hand ergreift und zu dir spricht: Hab' keine Angst, ich helfe dir!

Ich denke an Bedrohungen und Sorgen, die mich beschäftigen.

Mit dem Blick auf das Bild bete ich: Zu dir Gott erhebe ich meine Seele. Mein Gott, auf dich vertraue ich« (Ps 25, 1-2a).

2.

Die Apostelgeschichte schildert Stephanus als einen Menschen, der erfüllt ist vom Glauben und vom Heiligen Geist (6,5). Er ist voll Gnade und Kraft (6,8), Weisheit und Geist (6,10).

Diese Gaben sind auch mir in den Sakramenten geschenkt worden. Ich will mir das wieder bewusst machen. Dann lebe ich nicht aus einem fragwürdigen Selbstbewusstsein, sondern aus einem angemessenen Christusbewusstsein.

Kaplan Prassek schreibt am 21. Februar 1943 aus dem Gefängnis:

»Wir brauchen nie und nimmer zu fürchten, dass uns auf der Seite Gottes auch nur irgendetwas Wertvolles verloren geht.

Ich denke an die Gaben und Begabungen, die Gott mir geschenkt hat.

Mit dem Blick auf das Bild bete ich:

Komm, Heiliger Geist. Sende Deines Lichtes Strahl.«

3.

Auf dem Höhepunkt der Auseinandersetzung mit seinen Gegnern ruft Stephanus:

»Ich sehe den Himmel offen und den Menschensohn zur Rechten Gottes stehen« (Apg 7,56).

Pastor Stellbrink schreibt am 10. November

1943, wenige Stunden vor seiner Ermordung, an seine Frau Hildegard:

»Jetzt aber werde ich immer bei euch sein. Zeit und Raum sind keine Grenzen mehr für mich, und alle Zeit werde ich vor Gottes Angesicht stehen mit meiner Fürbitte für euch.«

Ich frage mich, welche Erfahrungen ich mit dem »offenen Himmel« habe. In welchen Situationen war oder ist mir mein Glaube fraglos, klar und einleuchtend?

Der verschlossene Himmel drängt sich immer wieder wie von selbst auf.

Der offene Himmel bedarf meiner Erinnerung. Er braucht mein waches Wahrnehmen von innen heraus.

Mit dem Blick auf das Bild bete ich:

Ich denke an die Taten des Herrn.

Ich will nachsinnen über all seine Wunder (Ps 77,12).

4.

Die geöffneten Hände des Stephanus sind Zeichen seiner Offenheit für Gott.

Kaplan Lange schreibt am 10. November 1943, wenige Stunden vor seiner Ermordung, an seine Eltern: »Ich habe von Anfang an alles in Gottes Hände gelegt« und an Bischof Berning: »Gottes

Wille ist ja für uns oberstes Gesetz. Ganz mit ihm sich eins wissen ist letzte tiefste Befriedigung.«

Woran ist meine Offenheit für Gott zu erkennen? Zuerst denke ich an Haltungen, Gewohnheiten oder einzelne Taten, mit denen ich mich vor Gott verschlossen habe oder ihm ausweiche.

Dann aber wende ich mich dem zu, was mich für Gott öffnet: großmütiges Verhalten, Verzeihen oder Verzicht, Treue im Gebet, eine Tat der Nächstenliebe. Dabei halte ich meine geöffneten Hände Gott hin als Ausdruck meiner Bereitschaft, offen für seinen Anspruch zu sein.

Mit dem Blick auf das Bild bete ich:

Herr, hier sind meine Hände.

5.

Nicht nur die Steine treffen das Haupt des Stephanus. Auch der Lichtstrahl, der von der Hand Gottes ausgeht, trifft ihn. Ob beides zusammengehört, Steine und Licht, Schmerz und Erleuchtung?

Ob das eine das andere bedingt, so wie sich Kreuz und Auferstehung bedingen?

Kaplan Prassek schreibt am 11. November 1942 aus dem Gefängnis: »Tage gibt es, die ganz randvoll sind von ihm (Gott), an denen es keinen Gedanken gibt, der nicht mit ihm geladen ist, von ihm herkommend oder zu ihm hingehend, Tage, wo Er jeden Augenblick in spürbarster Nähe ist, wo über jeden Augenblick wie eine lichte Sonne seine Freude ausgebreitet ist. Und dann auch wieder ganz andere Tage, wo Er scheinbar so weit weg von uns ganz andere Wege geht, als wir sie überhaupt gehen können, wo Er so unmittelbar uns das zum Bewusstsein bringt, dass Er doch immer der ganz andere ist, den wir niemals fassen können.«

Die Hand Gottes gehört zum Himmel, der durch die Kreisbögen vom Raum des Menschen getrennt ist. Gott bleibt der ganz andere, auch wenn er sich dem Menschen zuwendet.

Stephanus greift in seiner Predigt die Berufungsgeschichte des Mose auf. Er schildert, wie Mose zu zittern begann und nicht hinzusehen wagte zum brennenden Dornbusch (Apg 7,30). Wie aber Gott, der sich als der »Ich bin da« offenbart, dem Mose Weisung gibt, so lässt er jeden Menschen erkennen, was sein Auftrag ist.

Mit dem Blick auf das Bild bete ich: »Zeige mir, Herr, deinen Weg. Ich will ihn gehen, in Treue zu dir« (Ps 86,11).

6.

Der Bericht der Apostelgeschichte (6-8a) über die Erwählung des Stephanus, sein Wirken in Wort und Tat, seine Auseinandersetzung mit den Gegnern und sein Martyrium endet mit dem Satz: »Saulus aber war mit dem Mord (an Stephanus) einverstanden.«

Das ist nicht zu fassen: Einer der größten Verkündiger der christlichen Botschaft, der nach seiner Bekehrung mit Recht von sich sagen darf: »Nicht mehr ich lebe, sondern Christus lebt in mir« (Gal 2,20), dieser Paulus mit seiner tiefen Christuserfahrung ist hier der Saulus, der die Kirche vernichten will (Apg 8,3). An Paulus wird es bestürzend deutlich: Der christliche Weg ist der Weg der Bekehrung.

Kaplan Müller schreibt am 29. November 1942 aus dem Gefängnis: »Mit einem neuen und ernsten Appell tritt jetzt wieder Christus, unser Meister, vor uns und ruft uns durch die Paulusworte zu: ‚Legt ab die Werke der Finsternis, ziehet an die Waffen des Lichtes, ziehet an Jesus Christus!‘«

Gott ruft mich auf den Weg der Bekehrung. Damit sein Lichtstrahl, sein Wort, seine Weisung mich treffen können, verweile ich in Stille vor ihm.

Mit Blick auf das Bild bete ich: »Jetzt aber will ich immer bei dir sein. Denn deine Hand hast du auf mich gelegt. Nach deinem Ratschluss leitest du mich, und am Ende nimmst du mich auf in deine Herrlichkeit« (Ps 73,23–24).

Auf der Flucht

1.

Zu den bekanntesten Flüchtlingen der Weltge-schichte gehören Maria und Josef.

Mit den Millionen Flüchtlingen heute haben sie gemeinsam: Die Not ist groß und schreit nach Hilfe.

Anders als auf diesem Bild sind im Fernsehen Flüchtlinge meistens in großer Zahl zu sehen. Aber es geht immer um einzelne Menschen. Mit per-sönlicher Geschichte. Mit eigenem Namen. Wie bei Jesus, Maria und Josef.

Deren Flucht geschah unter Lebensgefahr. Wie bei Flüchtlingen heute. Ihre ganze Habe tragen sie mit sich. Ihre Zukunft ist ungewiss.

Wie kann ich helfen?

2.

Bin ich selbst auch manchmal auf der Flucht?

Wovor fliehe ich?

Vor Angst oder Alleinsein?

Vor Sorgen oder Schuld?

Vor Verlust oder Verachtung?

Wo finde ich Hilfe?

Eduard Gold-
kuhle, »Die
Flucht nach
Ägypten«,
1922,
Mariendom
zu Hamburg

In einem alten Gebet Israels heißt es:

»Gott, ich flüchte mich zu dir. Im Schatten Deiner Flügel finde ich Zuflucht« (Psalm 57,2).

Statt Flucht Zuflucht?

Geht das?

Der Versuch lohnt sich:

Innehalten und zur Ruhe kommen. Dann beginnt die Suche nach einem Ausweg. Sobald der in den Blick kommt, kann ich den Psalm mit der Zuflucht weiter beten:

»Mein Herz ist bereit, o Gott, mein Herz ist bereit, ich will dir singen und spielen« (Psalm 57,8).

3.

Viele, die im Hamburger Mariendom auf dieses Bild geschaut haben, waren selbst auf der Flucht. Irgendwoher. Irgendwohin. Viele fanden Zuflucht und Hilfe. Dazu ermutigt das Bild auch heute.

Jahresende – Wohin sind alle Tage?

Wo ist das Jahr geblieben? Wohin sind all die Tage, die frohen und die traurigen und auch die scheinbar belanglosen?

Vor der verrinnenden Zeit steht der Mensch ratlos da. Was sollen wir sagen? Alles aus und vorbei? Das wäre zu wenig. Richtig ist, sich an alles Dankenswerte dieses Jahres zu erinnern. Es gab viel Gutes in diesem Jahr. Gott sei Dank. Und den Menschen sei Dank. Dankbarkeit ist die Aufmerksamkeit des Herzens. Wer danken kann, der kann auch hoffen. Was kommt mir an Dankenswertem besonders in den Sinn?

Wohin sind alle Tage dieses Jahres? Auch die Tage, in denen Schlimmes geschah? Ich denke an die Naturkatastrophen. Aber auch an das Schreckliche, das Menschen angerichtet haben. An die Eintragung eines Schülers im Internet: »Ich hasse, ich hasse, ich hasse.«

Mir kommt ein Wort in den Sinn, das ich in Lateinamerika gehört habe: »Friede wird sein, wenn man den Täter fragt: Was hat man dir getan?«

Vielleicht auch, was hast du dir selber getan?

Was ist mit dem Bösen in der Welt, mit dem Hass, mit der Gewalt? Nehme ich es ernst genug? »Erlöse uns von dem Bösen«, beten wir im Vaterunser. Denke ich mir genug dabei?

Was gibt es an Bösem in mir? Wo habe ich Gutes unterlassen und Böses getan? Auch jedes unterlassene Gute lässt ja das Böse stärker werden. Wen will ich um Vergebung bitten?

In einer Zeitung lese ich die »Zitate des Jahres«. Eines lautet: »Gestern ist etwas Schreckliches passiert: 16000 Kinder sind gestorben. Der Grund: Sie hatten nichts zu essen. Und warum das noch nicht durch die Nachrichten kam? Weil das jeden Tag passiert.«

Was ist mit der ungleichen Verteilung der Nahrungsmittel in der Welt? Sehr viele haben viel zu wenig. Und wenige haben zu viel, viel zu viel. Die einen werden krank, weil sie zu wenig zu essen haben, die anderen, weil sie zu viel zu essen haben.

Zur ungleichen Verteilung der Güter kommt hinzu die ungleiche Teilhabe an Menschenrechten. Freiheit ist ein Menschenrecht. Eine Statistik der Vereinten Nationen listet auf: Jährlich werden weltweit bis zu 800000 Sklavinnen und Sklaven ins Ausland verkauft. Vor allem als Prostituierte.

Die Menschwerdung Jesu gibt uns Menschen

unüberbietbare Würde. Aber für viele Menschen ist diese Würde nur Theorie. Praktisch sind sie jede Würde los.

An all diesen Fronten kämpfen unsere Hilfswerke. Unterstütze ich diesen Kampf, so gut ich kann?

Wohin sind all die Tage, wohin die Zeit dieses Jahres?

»Die Zeit ist dein Schiff«, lese ich bei einem Philosophen. Schiffe bringen uns zu einem Ziel. Das Schiff der Zeit bringt mich der Ewigkeit näher. Dieses Jahr hat mich näher an das Ende meines Lebens gebracht, näher an das Ziel meiner irdischen Pilgerschaft, näher an die Ewigkeit.

Hat mich dieses Jahr auch näher zu Gott gebracht? Zu mehr Glauben, der sich auch in meinem Verhalten zeigt? Zu mehr Hoffnung, die mich zu einem zuversichtlichen Menschen macht? Zu mehr Liebe, die nicht nur »Ich« sagen kann, sondern »Du«?

»Die Zeit ist dein Schiff…« – das Zitat geht weiter: »…doch deine Bleibe nicht.« Das spüre ich jetzt am Jahresende deutlich: Das Jahr bleibt nicht. Ich kann es nicht festhalten. Bald ist es unwiederbringlich vorbei. Aber wenn das Schiff dieses Jahres mich näher zu Gott gebracht hat, dann hat es seine Schuldigkeit getan. Dann war es trotz allem ein gutes Jahr.

Und wenn nicht? Dann lässt sich auch jetzt noch etwas an Kursberichtigung vornehmen. Indem ich das Jahr in Gottes Hände lege – demütig, vertrauensvoll und mit der Bitte: Ergänze du, was fehlt. Vollende du, was von mir aus zu kurz gekommen ist.

Das ist dann meine ganz persönliche Kurskorrektur. Ich will sie so ehrlich wie möglich vollziehen.

Wohin sind alle Tage? Sie sind wie die Blätter an einem Kalender. Täglich wird ein Blatt abgerissen. Ab in den Papierkorb.

Gibt es aber nicht doch etwas Bleibendes zu entdecken?

Alles, was aus Liebe geschieht, bleibt.

Ich bin so frei

Kurz vor Weihnachten trafen sich mit mir in meiner Wohnung der jüdische Landesrabbiner, der Vorsitzende der Muslime und die evangelische Bischöfin. Es war ein höfliches Gespräch, getragen von gegenseitiger Wertschätzung. Aber auch geprägt vom Einstehen für die eigenen Glaubensvorstellungen.

Wenn ich von diesem Gespräch Bekannten in Ägypten erzähle, dann werden sie sagen: Das wäre bei uns unmöglich. Und sie würden an das Weihnachtsfest erinnern, an dem Christen, die aus dem Weihnachtsgottesdienst kamen, von Muslimen erschossen wurden.

Wenn ich von dieser Begegnung Ärzten im Kinderkrankenhaus in Bethlehem erzähle, dann werden sie sagen: Bei uns wäre das unmöglich. Und sie würden an die Mauer erinnern, welche israelische und palästinensische Gebiete trennt.

Wenn ich das dem Bischof von Aleppo in Syrien erzähle, dann wird er sagen: Wenn doch bei uns erst einmal das Blutvergießen aufhörte, wenn hier doch endlich elementare Menschenrechte beachtet würden.

Ein elementares Menschenrecht ist die Religionsfreiheit. Ja, »Religionsfreiheit ist der Gipfel aller Freiheiten«, sagt Papst Benedikt. Und er fügt hinzu: »Religionsfreiheit ist in der Menschenwürde verwurzelt.« Wir Christen haben das ja auch im Laufe der Jahrhunderte mühsam lernen müssen. Aber haben wir es wirklich gelernt?

Natürlich, wir sprechen niemandem das Recht ab, seinen Glauben so zu leben, wie er es für richtig hält, solange Menschenwürde und Menschenrecht nicht verletzt werden.

Aber Religionsfreiheit darf nicht nur bedeuten, dass wir niemanden in seiner Religionsausübung behindern. Religionsfreiheit im positiven Sinn bedeutet, dass wir diese Freiheit, die wir haben, auch wirklich praktizieren. Dass wir von unserer Religionsfreiheit aktiv Gebrauch machen, indem wir den Sonntag heiligen, indem wir jeden Tag unter den Segen Gottes stellen, indem wir dem bedürftigen Nächsten in unserer Umgebung und weltweit helfen. Wir sind so frei. Praktizieren wir auch die Freiheit?

Religionsfreiheit ist dem Gemeinwohl verpflichtet. Wir haben viele Institutionen, die sich um das Gemeinwohl sorgen, staatliche, private und kirchliche. Das ist sehr dankenswert. Aber immer wieder erlebe ich, dass Menschen durch das

Netz solcher Hilfsmaßnahmen fallen. Das lässt sich auch gar nicht vermeiden. Es braucht die Aufmerksamkeit, die Achtsamkeit von uns allen, damit alle bei uns menschenwürdig leben können.

Religionsfreiheit und Menschenwürde soll für alle gelten, weltweit. Aber können wir als Einzelne etwas tun?

Unsere Hilfswerke bahnen uns den Weg zu weltweiter Solidarität. Sie nehmen uns jede Ausrede, wir könnten nichts tun. Tatkräftige Hilfe bei uns und weltweit – auch das ist praktizierte Religionsfreiheit.

Aber muss man bei aller Betonung der Religionsfreiheit nicht doch fragen, welche Religion die wahre ist?

Diese Frage haben wir hier bei unserem Vierertreffen in meiner Wohnung nicht gestellt. Aber die Antwort ist eindeutig. Papst Benedikt hat sie so formuliert: »Nur wenn wir einander in Liebe begegnen, enthüllt sich die Wahrheit.«

Haltbarkeit

Kürzlich beim Frühstück fiel mein Blick zufällig aufs Marmeladenglas. Nicht die prallen roten Erdbeeren auf dem Etikett hielten meinen Blick fest. Mich beschäftigte ein kleiner, unscheinbarer Aufdruck. Zwei Worte nur und ein paar Zahlen. Der Aufdruck: Haltbar bis 1/18. Haltbar bis Januar 2018.

Wer Lebensmittel einkauft, ist gewohnt, das Haltbarkeitsdatum zu prüfen.

Das Haltbarkeitsdatum ist ein Signal: Beachte die Zeit!

Plötzlich war mir klar, warum mich das Haltbarkeitsdatum so beschäftigte. Nicht wegen der Erdbeermarmelade. Die würde bei mir ohnehin nicht mehr lange halten. Das Glas war schon halb leer. Mich beschäftigte die Frage: Wie steht es mit deiner Haltbarkeit? Mit der Haltbarkeit deines Lebens?

Wie wäre das, wenn jeder auf dem Arm einen Stempel trüge: Haltbar bis – und dann stünde dort das Sterbedatum?

»Eigentlich sind es ja immer nur die anderen, die sterben.« Der Satz steht auf dem Grabstein des

Malers Marcel Duchamps in Paris. An der Frage: Wie ist es mit *meiner* Lebenszeit, mit *meiner* Sterbezeit, mit *meiner* Haltbarkeit, drücke ich mich gerne vorbei.

Ich weiß ja auch nicht, wie lange mein Leben hält. Es gibt den Stempel nicht, auf dem mein Sterbedatum steht. Aber das Jahresende kann auch ein Signal sein, wie der Aufdruck auf Lebensmitteln: Beachte die Zeit!

Wenn ich die Zeit beachte und nach meiner Haltbarkeit frage, dann bin ich schnell beim Thema: Was ist nicht haltbar bei mir? Was ist so unhaltbar, dass es mir leidtut, so unhaltbar, dass ich es ändern möchte?

Die Frage verweist direkt auf das christliche Hauptgebot: Liebe zu Gott. Liebe zum Nächsten.

Liebe zu Gott.

Ist Gott Wirklichkeit für mich? Wirklichkeit wie die Not so vieler Flüchtlinge in unserer Welt? Wirklichkeit wie meine Anstrengungen im Beruf? Wie die Sorge um meine Gesundheit?

Wie ist das mit meiner Beziehung zu Gott? Mit meinem Beten? Mit meinem Vertrauen? Mit meiner Dankbarkeit? Meiner Gelassenheit auch in schwierigen Situationen?

All das betrifft mein Verhältnis zu Gott. Was ist da unhaltbar bei mir?

Und wie ist das mit meiner Liebe zum Nächsten? Was ist an meinem Verhältnis zum Nächsten unhaltbar?

Jetzt denke ich an Menschen, die auf meine Hilfsbereitschaft warten. In unmittelbarer Nähe und weltweit. Die auf meine Zuwendung warten. Auf meine Selbstbeschränkung um der anderen willen. Auf meine Vergebungsbereitschaft oder meine Bitte um Verzeihung. Auf mein tatkräftiges Anpacken.

All das betrifft mein Verhältnis zum Nächsten. Was ist da unhaltbar bei mir?

Wenn ich so nach der Haltbarkeit meines Lebens frage, wächst dann die Haltbarkeit?

Nein, die Orientierung am Evangelium verlängert mein Leben nicht. Die Orientierung am Evangelium vertieft mein Leben. Es wird intensiver, farbiger, stimmiger.

Aber irgendwann ist dann doch die Haltbarkeitsgrenze meines Daseins erreicht. Selbst wenn ich mich noch so gut gehalten habe, ich kann mein Leben nicht festhalten.

Mein Leben nicht festhalten. Mein Leben loslassen. Das entspricht genau der Weisung Jesu. Mein Leben loslassen in die Hände Gottes hinein.

Und wie geht das?

Ich sage auf Gott hin: Halt Du mein Leben in

Deinen Händen. Ich überlasse mich Dir. Mach mit mir, was Du willst. Du allein kannst meinem Leben Halt geben. Haltbarkeit geben für immer.

Weil das so ist, geschehe nicht mein Wille, Gott. Dein Wille geschehe. Aber nicht nur in meinen Worten. Auch in meinen Taten. In Taten der Gottesliebe. In Taten der Nächstenliebe.

Mit einem solchen Akt des Vertrauens kann ich mich loslassen auf Gott hin.

Denn nicht wenn ich mich halte, bin ich haltbar. Nur wenn ich mich loslasse, damit Gott mich hält, bin ich haltbar. Wenn Gott mich hält, dann bin ich haltbar bis…?

Ach, dann braucht es den Stempel mit dem Haltbarkeitsdatum auf meinem Arm gar nicht zu geben wie auf den Lebensmitteln. Denn wenn Gottesliebe und Nächstenliebe Wirklichkeit für mich sind, wenn es mir um Gottes Willen geht und nicht um meinen Willen, wenn ich mich loslasse und Gott überlasse, dann hält er mich.

Und wenn Gott mich hält, dann ist mein Leben haltbar bis…?

Wenn Gott mich hält, dann ist mein Leben haltbar für Zeit und Ewigkeit.

Zeitenwende

____ *Mein Horoskop*

*W*as wird das neue Jahr bringen? Horoskope, Wahrsager und Zukunftsforscher haben jetzt Hochkonjunktur. Die Frage nach der Zukunft ist spannend.

Wie wird es weitergehen? Was steht uns bevor? Manche denken: Wenn nur alles so bleibt, wie es ist. Aber das ist die erste gesicherte Aussage über die Zukunft: So wie es ist, wird es nicht bleiben.

Vergleicht man die Voraussagen, die kurz vor Silvester gemacht werden, ein Jahr später mit den tatsächlichen Ereignissen, so ist die Trefferquote mehr als mäßig. Es sei denn, die Voraussagen waren so allgemein, dass sie für Vieles herhalten können. Das ist die zweite gesicherte Aussage über die Zukunft: Kein Mensch kennt sie.

Und die dritte gesicherte Aussage über die Zukunft lautet: Meine Tage sind begrenzt. Sie hatten einen Anfang. Sie werden auch ein Ende haben.

Eine Filmschauspielerin hat testamentarisch verfügt: Falls sie vor ihrer Katze stirbt, dann soll ihre Asche der Katze unter das Futter gemischt werden, damit sie in dem Tier weiterlebt. Ein etwas ungewöhnliches Beispiel dafür, wie schwer wir uns tun mit der Begrenztheit unserer Tage.

Aber es gibt auch gewöhnliche Beispiele. Etwa die vielen Toten, die uns das Fernsehen präsentiert. Wir können zahlreiche Todesarten miterleben, eine grausamer als die andere. Das Zuschauen, wie andere sterben, soll uns den eigenen Tod vom Hals halten. Die Apokalypse als Medienereignis.

Dabei heißt Apokalypse auf Deutsch »Aufklärung«. Das letzte Buch der Bibel trägt diesen Namen. Nicht weil es die Zukunft vorwegnehmen will, sondern weil es für die Gegenwart stark machen kann.

Die Apokalypse ruft zu der Einsicht: Ich möchte nicht einfach in den Tag hinein leben, denn ich habe nicht unbegrenzt viele Tage. Ich möchte bei all meinem Tun und Lassen nicht vergessen, dass ich am Ende meiner Tage vor Gott Rechenschaft ablegen muss. Das ist der eine Spannungspol apokalyptischer Predigt.

Der andere Spannungspol spricht vom Bild der Hochzeit und von der großen menschenfreundlichen Stadt. Auch das gehört zur Aufklärung im Sinne der Apokalypse: Wer seine Gegenwart in Gott festmacht, der kann trotz aller Ungewissheit vertrauensvoll auf die Zukunft zugehen.

Meine Gegenwart in Gott festmachen, wie geht das?

Dazu ist notwendig, dass ich zunächst einmal zu mir selber komme. Dass ich immer wieder einmal ohne Ablenkung, ohne Lärm, ohne Zerstreuung bei mir selbst bin. Das ist der erste Schritt.

Wenn ich dann in Ruhe gesammelt bin, kann ich das uralte Gebet aus dem Buch der Psalmen sprechen: »Gott, Du kennst mich. Wo ich sitze und stehe, Du weißt um mich. Allzu wunderbar ist für mich dieses Wissen, allzu groß, ich fasse es nicht« (aus Psalm 139).

In solcher Gebetserfahrung kann es geschehen, dass die Gegenwart plötzlich nicht weniger spannend ist als die Zukunft, ohne dass dazu ein Horoskop erforderlich ist.

_____ Erfüllte Zeit

»In Allem ist immer etwas zu wenig«. Ganz und gar erfüllt, so will die Dichterin Ingeborg Bachmann sagen, ist meine Zeit nie. Es gibt nicht die erfüllte Zeit, die meine Sehnsucht für immer stillt. Es gibt nicht den erfüllten Augenblick, zu dem ich mit Goethes Faust sagen könnte »Verweile doch, du bist so schön.«

Aber manchmal kommt mir trotzdem der Gedanke: Damals, diese oder jene Situation, die war ganz erfüllt von Freude und Glück. In der Rückschau denke ich an die eine oder andere Begebenheit, von der ich sagen könnte: Das war erfüllte Zeit. Es tut gut, sich solcher kostbaren Augenblicke zu erinnern. Aber es ist eben nur Erinnerung. Ist also die Erinnerung wirklich das einzige Paradies, aus dem wir nicht vertrieben werden können?

Die Bibel sieht das anders. Das erste Wort Jesu im Markusevangelium heißt: »Die Zeit ist erfüllt« (Mk 1,15).

Sofort meldet sich bei mir Protest. Kann es die erfüllte Zeit überhaupt geben in unserer vom modernen wissenschaftlichen Denken geprägten Welt? Wir rechnen heute mit Millionen von Lichtjahren. Wir wissen von dem unvorstellbar weit entfernten Anfang der Welt und des Menschen. Wir gehen von einer Evolution aus, die letztlich auf dem Fressen und Gefressenwerden aller beruht. Wie sollte es da jemals erfüllte Zeit geben?

Mit der Botschaft »die Zeit ist erfüllt« sagt Jesus: Die Zeit ist nicht ein Fluss ohne Ufer. Die Zeit schlägt an die Ufer der Ewigkeit. In der Person des Jesus von Nazareth, des Gekreuzigten und Auferstandenen, ist die Ewigkeit in die Zeit eingebrochen. In seiner Person werden Zeit und Ewigkeit

Geschwister. Im Kontakt mit ihm schmeckt meine Zeit schon etwas von seiner Ewigkeit.

Kann ich das glauben?

Ich kann mich auf den Weg des Glaubens begeben. Ich kann Erfahrungen machen mit diesem Jesus, mit seiner Botschaft vom Reich Gottes, mit seinen Heilszeichen, den Sakramenten, mit seiner Vorstellung von erfüllter Zeit. Seit Jesus Christus ist die Zeit erfüllt, weil Zeit nun nichts anderes mehr ist als »das Warten Gottes, der um unsere Liebe bettelt« (Simone Weil).

Ich kann Gott warten lassen. Ausreden dafür habe ich mehr als genug. Ich kann die Signale Gottes in meinem Leben überhören, verdrängen, vergessen. So kopple ich meine Zeit ab von der Ewigkeit. Dann ist erfüllte Zeit kein Thema.

Ich kann aber auch anders. Vielleicht so wie die Frau, die darüber erschrickt, dass schon wieder ein Jahr vergangen ist. »Wo bleibt nur die Zeit«, klagt sie, »es war doch gerade erst Sommer, und jetzt ist für dieses Jahr alles schon wieder gelaufen.«

»Was muss ich tun, damit meine Zeit nicht so schnell vergeht, nicht nur so an der Oberfläche plätschert«, fragt sie jemanden, der in geistlichen Dingen Erfahrung hat.

Die Antwort: »Fülle jeden Tag mit der doppelten Bewegung. Zum einen mit der Bewegung nach innen, in der du still wirst vor Gott. Zum anderen mit der Bewegung nach außen, in der du einem anderen etwas Gutes tust. Diese doppelte Bewegung verwandelt die nur vergehende Zeit in erfüllte Zeit.«

Auch die erfüllte Zeit vergeht. Auch die erfüllte Zeit kennt Verlust, Niederlage, Katastrophe. Auch die erfüllte Zeit nimmt mir vieles aus den Händen. Aber eines will sie mir nicht nehmen, sondern vielmehr geben: Den Geschmack am Leben, welches im Laufe meiner Tage und Jahre nicht weniger wird, sondern mehr. Weil mein Leben immer mehr mit Gott zu tun bekommt. Weil meine Zeit immer vernehmbarer an die Ufer seiner Ewigkeit schlägt. Von dort her erhält meine Zeit ihre Fülle.

Fünf vor Zwölf

Das Jahr ist alt. Ich bin auch alt, denken Sie jetzt vielleicht.

Warum kommen sich heute manchmal schon Dreißigjährige alt vor? Weil sie spüren, dass schon sie mit dem Jugendlichkeitskult nicht mehr mithalten können? Dass sie so sportlich, so schlank, so cool gar nicht sind? Weil sie wahrnehmen, dass auch schon bei ihnen die Vergangenheit wächst und die Zukunft schrumpft? Altwerden will jeder. Alt sein will keiner. Kann mir das alte Jahr vermitteln, was es mit meinem Alter auf sich hat?

Heute ist das Jahr noch alt. Bald ist es wieder neu. Das könnte mir auch gefallen. Heute noch alt, egal ob dreißig, fünfzig oder achtzig Jahre alt, und bald wieder neu und jung wie das neue Jahr.

Ich denke an das Gemälde vom Jungbrunnen. Auf der einen Seite steigen alte, gebeugte Menschen mühsam Schritt für Schritt ins Wasser. Auf der anderen Seite hüpfen sie jung und frisch wieder heraus. Wenn diese Jahreswende solch ein Jungbrunnen sein könnte!

Aber wenn aus dem alten Jahr ein neues geworden ist, werde ich nicht jünger sein als heute, sondern älter. Und die anderen Jungbrunnen taugen wenig. All die vielen Verjüngungsmittel helfen vor allem dem, der sie verkauft. Muss ich also vor meinem Älterwerden kapitulieren bis zum bitteren Ende?

Der Jahreswechsel zeigt mir: Zeit ist immer Endzeit. Wenn nicht Ende eines Jahres, denn Ende eines Tages oder Ende einer Stunde. »Was du auch anfängst, es ist der Anfang vom Ende«, heißt es in einem Gedicht von Robert Gernhard.

Zeit ist Endzeit. Es ist immer fünf Minuten vor

Zwölf, weil mein Leben täglich zu Ende gehen kann. Täglich gehen Menschen morgens aus dem Haus, ohne zu wissen, dass es ihr letzter Tag ist. Es ist immer fünf Minuten vor Zwölf. Das macht das Leben so spannend, kostbar und reizvoll, nicht nur wenn wir die letzten Stunden des alten Jahres feiern.

Es ist immer fünf Minuten vor Zwölf. Das gilt für jeden Menschen. Für den, der mit Jesus Christus lebt, ist es aber zugleich auch schon fünf Minuten nach Zwölf. Der alte Mensch und die alte Zeit sind noch da, mit allen Fragen und Bedrängnissen. Aber der neue Mensch und die neue Zeit sind auch schon da, mit aller Zuversicht und Freude.

Denn wer mit Christus lebt, der ist neue Schöpfung (2 Kor 5,17), heißt es in der Bibel. Wer mit Christus lebt, für den ist Gemeinschaft mit Gott, mit seiner nie endenden Lebensfülle, nicht nur Zukunft, sondern schon Gegenwart.

Je bewusster ich wahrnehme, dass es fünf Minuten vor Zwölf für mich ist, desto mehr kann ich ein Gespür dafür bekommen, dass es auch bereits fünf Minuten nach Zwölf ist. Dass Jesus Christus die entscheidende Zeitenwende bereits heraufgeführt hat in seinem Tod und seiner Auferstehung. Wenn ich mit ihm lebe, habe ich Anteil daran, bin ich neue Schöpfung.

Mit Christus leben, wie geht das? Der Kontakt zu Jesus Christus ist vergleichbar mit jeder anderen Kontaktnahme: Mit ihm reden, also Gebet. Auf ihn hören, also Umgang mit seinem Wort, das mir in der Bibel angeboten wird. Dort sein, wo er ist, also Gottesdienst und Hinwendung zum Nächsten. Bei ihm verweilen, also Stille, Besinnung.

Der Kontakt zu Jesus Christus ändert für mich nichts daran, dass es in meinem Leben fünf vor Zwölf ist. Aber mit ihm ist es zugleich auch schon fünf nach Zwölf. Das Alte verliert nicht an Bedrohlichkeit, aber das Neue wirft schon helles Licht auf meinen Weg.

_____ *Silvesterbriefe*

Vor dem Kapellenturm in Rottweil ist ein Edelstahlbehälter vergraben. Er enthält Briefe, die erst am 31. Dezember 2099 geöffnet werden. Natürlich weiß keiner der Briefschreiber, wer dann seinen Brief lesen wird.

Ein junger Mann hat seinen Brief an diejenigen gerichtet, die im Jahre 2099 in seinem Hause leben werden.

Eine ältere Frau berichtet, ihr seien beim Briefschreiben die Tränen gekommen, als sie sich vorstellte, wie jemand ihre Zeilen liest lange nach ihrem Tod.

Die Rottweiler Briefe sind einer von vielen Versuchen, mit der Vergänglichkeit der Zeit umzugehen.

Jeder dieser Briefe schlägt eine Brücke über Jahrzehnte hinweg zu einem menschlichen Du, das diesen Brief dann lesen soll. Ob ein Trost für den Absender darin liegt, dass er seine vergehende Zeit an ein fernes Du ankoppelt?

Lieber möchte ich meine vergehende Zeit an ein nahes Du ankoppeln. Vielleicht so, dass ich einem anderen sage: Du bedeutest mir viel, mit dir bin ich gern zusammen, du bist ein Glück für mich. Die einem Du gewidmete Zeit gibt meinem Leben Tiefgang, egal ob sie zum Ausdruck kommt durch ein Wort, eine Geste oder durch mein Verhalten.

Ganz anders als mit der Du-Zeit ist es mit der Ich-Zeit, wenn ich nur an mich denke, was ich brauche, was ich will, was ich wünsche. Oder mit der Es-Zeit, wo es eben nur um ein Es, eine Sache, um ein Ding geht. Vor allem die Du-Zeit, in der ich mich einem anderen zuwende, schenkt Erfüllung, welche die Zeit überdauert. Von solcher Du-Zeit spricht ein Gedicht von Christian Morgenstern:

Als die Münster-Uhr
sieben Uhr morgens schlug
hab' ich »Du« gesagt bei jedem Schlag.
Und so sei denn mein
alle, alle Zeit.
Und dann komme, was da kommen mag.

Angesprochen ist ein menschliches Du, wie die Überschrift des Gedichtes »An Margaretha« verrät.

Aber ist es so abwegig, auch an das Du Gottes zu denken? Oder kann ich das Du nicht auf beides beziehen, auf Gott und auf Menschen? Denn die Beziehung zu Gott ist ja menschlich vermittelt, und wahrhaft menschliche Beziehung hat immer auch mit Gott zu tun.

Wie in Jahrzehnten Menschen in Rottweil die Silvesterbriefe von heute lesen, so können wir einen Silvesterbrief lesen, der vor hundert Jahren verfasst worden ist. Reiner Maria Rilke hat ihn geschrieben. Darin heißt es:

»Ich habe die Nacht einsam hingebracht in mancher inneren Abrechnung und habe schließlich … die Psalmen gelesen, eines der wenigen Bücher, in dem man sich restlos unterbringt, mag man noch so zerstreut und ungeordnet und angefochten sein.«

Die Psalmen sprechen auf vielfältige Weise Gott mit »Du« an:

Gott, du mein Gott, dich suche ich (Ps 63,2).

Du bist vertraut mit all meinen Wegen (Ps 119,168).

In solcher Du-Haltung kann ich vertrauensvoll durch den letzten Tag gehen. Den letzten Tag des Jahres und auch einmal durch den letzten Tag des Lebens.

Das Neue Jahr, ein unbeschriebenes Blatt

Am Jahresbeginn

Dämmernder Morgen
Unbeschriebenes Blatt
Leichtes Erzittern
Im Frühwind.

Die Luft
wie zum Fliegen
die Erde noch krumig
vom Heimweh der Nacht.

Wer die Sonne erwartet
strahlt schon von innen
und reicht das Licht weiter
das jeder ersehnt.

In der Schule schrieben wir früher noch nicht mit dem Computer. Ein neues Heft war ein Ereignis. Noch nichts durchgestrichen, noch kein Tinten-klecks, alles sauber und makellos.

Ab jetzt jedes Blatt nur noch in Schönschrift!

Gerhard Richter, umgeschlagenes Blatt, 1965
© Gerhard Richter 2016 (1159)

Lange ging das nicht gut. Aber der Vorsatz war da und das Bemühen auch.

Ein neues Jahr ist wie ein unbeschriebenes Blatt. Seite um Seite muss nun beschrieben werden. Aber es wird nicht ohne Fehler abgehen und auch nicht ohne Kleckse.

Aber jetzt ist alles noch frei, alles noch offen. Meine Leistungen von früher und auch meine Versäumnisse stehen auf einem anderen Blatt.

Was soll auf dem ersten Blatt des neuen Jahres stehen? Meine Erwartungen und Wünsche haben dort Platz. Alles, was mir dazu einfällt.

Und wie ist es mit meinen Befürchtungen und Ängsten? Auch für sie gibt es freie Flächen. Das leere Blatt kann sie mir abnehmen.

Und welche Seite soll an mir selbst stärker werden? Auch wenn ich sie immer wieder ins Unreine schrieben muss, meine Schlagseite braucht einen Ausgleich.

Kann ich auch noch eine neue Seite an mir entdecken? Vielleicht eine bisher verborgene oder verdrängte?

In einem Gedicht Rilkes heißt es:

»Man fühlt den Glanz
von einer neuen Seite,
auf der noch Alles werden kann.«

Nein, es soll nicht »Alles werden« im neuen Jahr. Besser wenige, aber konkrete Erwartungen. Und nicht zu unbescheiden! Ohne Seitenhiebe auf andere!

Der Glanz einer neuen Seite scheint umso heller auf, je mehr meine Gedanken von Licht erfüllt sind. Oder bin ich zu sehr auf Dunkles ausgerichtet?

Wie viele Blätter werde ich noch auszufüllen haben? Wie weit ist es noch bis zum Schlussstrich? Aber den wird ein anderer ziehen.

Statt jetzt darüber ins Grübeln zu kommen, halte ich es lieber mit dem Gedicht Mörikes:

»Herr, Dir in die Hände
sei Anfang und Ende
sei Alles gelegt.«

© Verlag Herder GmbH, Freiburg im Breisgau 2016
Alle Rechte vorbehalten
www.herder.de

Umschlaggestaltung: wunderlichundweigand
Umschlagmotiv: © Piccia Neri/shutterstock

Satz: Rainer Moers Druckvorlagen, Mönchengladbach
Herstellung: cpi Books GmbH, Leck

Printed in Germany

ISBN 978-3-451-37517-0